Georg Schwikart

Die Begräbnisfeier

Informationen
Texte
Gestaltungsvorschläge

Butzon & Bercker

Quellennachweis

Text: S. 11: Die Ständige Kommission für die Herausgabe der gemeinsamen liturgischen Bücher im deutschen Sprachgebiet erteilte für die aus diesen Büchern entnommenen Texte die Abdruckerlaubnis.
Fotos: Umschlag, S. 5 und 25: Ruth Rau; S. 13: Sibille-Victoria Müller;
S. 19: Willi Rauch

Bibliografische Information Der Deutschen Bibliothek

Die Deutsche Bibliothek verzeichnet diese Publikation in der Deutschen Nationalbibliografie; detaillierte bibliografische Daten sind im Internet über http://dnb.ddb.de abrufbar.

e verlags gruppe engagement

Das Gesamtprogramm
von Butzon & Bercker
finden Sie im Internet
unter www.bube.de

ISBN-13: 978-3-7666-0745-4
ISBN-10: 3-7666-0745-6

Lektorat: Maria Groothusen, Kevelaer
Umschlaggestaltung: Elisabeth von der Heiden, Geldern
Satz: Arnold & Domnick, Leipzig
Druck und Bindung: völcker druck, Goch

Inhalt

Geheimnis des Glaubens: Im Tod ist das Leben
Die Botschaft des kirchlichen Begräbnisses 4

Darüber kann man reden
Fragen rund um das Begräbnis 7

Behutsame Begleitung
Kinder und Tod 9

Heilige Worte und Zeichen
Auszug aus dem Begräbnisritual 11

Eine Sprache, die alle Christen verstehen
Die Symbole beim Begräbnis 17

„Unsere Feier soll unverwechselbar sein“
Vorschläge für Trauersprüche, Fürbitten, Texte und Lieder 22

Gemeinschaft gibt Halt
Anregungen zum Beerdigungskaffee 29

Woran zu denken ist
Checkliste 30

Weitergehen, Tag für Tag 31

Widmungsseite 32

Geheimnis des Glaubens: Im Tod ist das Leben

Die Botschaft des kirchlichen Begräbnisses

Ein Mensch ist gestorben. Hinter ihm liegt ein Leben, ein langes oder kurzes, eines, das voller Belastungen war oder glücklich und frei. Der Verstorbene lässt Partner, Kinder, Eltern, Kollegen, Freunde, Nachbarn zurück. Das Verhältnis zwischen den Zurückbleibenden und dem nun Toten kann voller Liebe gewesen sein, aber auch gespannt und schwierig. Der Tod kann erschüttern, aber auch erwartet worden sein.

Jene, die zurückbleiben, trauern. Sie müssen den Verlust eines Menschen ertragen und werden auch mit ihrer eigenen Sterblichkeit konfrontiert. Der eine trauert heftig, der andere in sich gekehrt. Der eine muss sprechen, der andere schweigt. Der eine sucht die Einsamkeit, der andere Gemeinschaft. Die Begräbnisfeier aber bringt alle zusammen.

Der Tod eines Menschen führt seine Angehörigen in eine Krise. Das Begräbnis ist ein Akt der Krisenbewältigung. Dort wird

- der Tod eines Menschen öffentlich gemacht,
- der Verstorbene gewürdigt,
- der Tote symbolisch aus der Welt der Lebenden in die Welt der Toten überführt,
- Trost für die Zurückbleibenden gespendet,
- an die Sterblichkeit aller Menschen erinnert und
- die Gemeinschaft der Lebenden gestärkt.

Über den Akt einer „Trauerfeier“ hinaus bringt das kirchliche Begräbnis den Abschied eines Menschen mit Gott in Verbindung. Aus der Perspektive des Glaubens heraus gewinnt der Tod eine neue Dimension. Christen glauben: Durch seinen Tod am Kreuz hat Christus den Tod ein für alle Mal vernichtet. Der Tod ist immer noch schmerzlich, aber er ist überwunden. Jesus wurde ins Grab gelegt, doch Gott erweckte ihn zu neuem Leben. So legen auch wir einen Leichnam ins Grab; das aber, was den Menschen zu einem unverwechselbaren Individuum machte,

kehrt heim zu seinem Ursprung, kehrt zurück zu Gott. – Gott ist der Quell allen Lebens, der Vater der Menschen. Wir können dieses Vertrauen nur in Bildern ausdrücken. Aber wir können praktisch spüren, wie sehr dieses Vertrauen trägt: Gott will neues Leben schenken, ein anderes Leben, eines ohne Tränen, Schmerzen, Leiden, ohne Abschied. Solange wir aber noch hier und heute in der Welt zu Hause sind, kann uns diese Hoffnung aufrichten. Sie ermutigt zur Versöhnung mit dem Verstorbenen und seinem Tod.
Für Glaubende geht der Tote einen Weg voraus, der allen Lebenden noch bevorsteht. Der Verstorbene durchschreitet das Tor zur Ewigkeit, dessen Pforten sich vor den Augen der Lebenden noch schließen. Um die Toten müssen sie sich nicht mehr sorgen; sie wissen sie aufgefangen in den geöffneten Armen des liebenden Gottes. Davon will das kirchliche Begräbnis Zeugnis ablegen. Die Trauer wird darin nicht verdrängt, sondern zugelassen. Sie hat ihren Platz, doch sie ist nicht das Letzte. Am Ende erwartet uns die Erfahrung von Auferstehung. Daran mag man zweifeln, besonders wenn der Tod hart trifft.
Wenn der Verstorbene geliebt wurde, ist das Abschiednehmen zwar schmerzhaft, aber letztlich leichter, da das Band der Liebe Lebende und Tote noch verbindet. Wurde der Verstorbene jedoch nicht geliebt, stellen sich schwierige Probleme. Der Friedhof eignet sich nicht für Abrechnungen; allerdings macht Heuchelei die Situation für alle Beteiligten nicht leichter.
Der Tod des Einzelnen betrifft nicht nur den Verstorbenen und seine Angehörigen, sondern die ganze Kirche – denn ihr fehlt ja nun ein „Glied am Leib Christi“. Deswegen ruft sie die Gläubigen zur Eucharistiefeier zusammen und dankt darin Gott für dieses konkrete Leben, das seinen Abschluss gefunden hat. Sie betet für den Verstorbenen und für jene, die ohne ihn weiterziehen müssen. Letztlich erinnert sie alle daran, dass das irdische Leben nur eine Pilgerfahrt zum letzten Ziel hin ist. Die Vorläufigkeit unseres Erdendaseins führt keineswegs dazu, die Tage in Raum und Zeit gering zu schätzen. Wir dürfen sie genießen. Wir sollen sie verantwortlich gestalten für uns und andere. Nicht allein sind wir unterwegs: Wir Christen tragen einander und Christus trägt uns.

Darüber kann man reden

Fragen rund um das Begräbnis

Was ist, wenn der Verstorbene nicht der Kirche angehörte? Wenn ein Katholik durch einen Kirchenaustritt deutlich gemacht hat, dass er kein kirchliches Begräbnis wünscht, muss man seinen Willen respektieren. Möglicherweise haben aber andere Beweggründe zu diesem Schritt geführt und die innere Haltung war nicht gegen den Glauben gerichtet. Im Gespräch zwischen Angehörigen und Seelsorger gilt es abzuwägen, ob eine kirchliche Bestattung angemessen ist. In Ausnahmefällen kann auch jemand, der einer anderen christlichen Kirche angehörte, von einem katholischen Priester oder Diakon beerdigt werden; das ist durch den Seelsorger mit dem Bischof abzusprechen. Kinder und Erwachsene, die getauft werden sollten, aber vor dem Empfang der Taufe verstarben, können kirchlich begraben werden.

Ist es für einen katholischen Christen verboten, eine Einäscherung vorzunehmen? Früher einmal wurde die Einäscherung als Bekenntnis gegen den Glauben an die Auferstehung genutzt; bei einer solchen Haltung würde ein kirchliches Begräbnis keinen Sinn haben. Wird die Feuerbestattung aus praktischen Erwägungen bevorzugt, hat die Kirche nichts dagegen, wenngleich sie die Beerdigung empfiehlt.

Kann auch jemand kirchlich beerdigt werden, der sich selbst das Leben genommen hat? Ja. Im Mittelpunkt der Verkündigung des Glaubens stehen Liebe und Versöhnung – und nicht, über einen solchen Schritt zu Gericht zu sitzen. Das kirchliche Begräbnis ist zu verweigern, wenn der Freitod als bewusster Protest gegen Gott gewählt wurde.

Wann soll das Begräbnis stattfinden? Die staatlichen Bestattungsgesetze sehen in der Regel vor, dass eine Beerdigung des Verstorbenen innerhalb von acht Tagen nach dem Eintritt des Todes stattfinden soll. Der Zeitpunkt sollte so gewählt werden, dass jene, die schriftlich über den Tod benachrichtigt werden, auch die Gelegenheit haben, an der Feier teilzunehmen. Der Termin für das kirchliche Begräbnis muss zwischen den Angehörigen, dem Bestatter und dem Pfarrbüro der Kirchengemeinde abgesprochen werden. Dabei ist zu bedenken: Viele Geistliche haben montags ihren freien Tag. Bei einer Einäscherung muss manchmal mit Wartezeiten gerechnet werden. Einen Termin für die Beisetzung kann man erst festsetzen, wenn die Urne aus dem Krematorium gekommen ist.

Wird etwas über das Leben des Verstorbenen gesagt? Vor dem Begräbnis wird sich der Seelsorger mit den Angehörigen in Verbindung setzen. Es kann hilfreich sein, wenn die Hinterbliebenen ein kurzes Papier mit wichtigen Daten und Hinweisen zum Leben des Toten bereithalten. Die kirchliche Beerdigung soll den Verstorbenen würdigen, sie sieht jedoch keine Lobreden vor. Ausführliche Darstellungen des familiären und beruflichen Werdegangs und eine Auflistung ehrenvoller Verdienste oder von Mitgliedschaften in Vereinen und Institutionen werden kaum zur Sprache kommen.

Können sich die Angehörigen an der Gestaltung des Begräbnisses beteiligen? Das ist grundsätzlich möglich und erwünscht. Beispielsweise können nach Absprache mit dem Seelsorger Lieder ausgesucht oder Texte im Gottesdienst vorgetragen werden, vor allem solche, die dem Verstorbenen lieb und teuer waren. Zu bedenken ist, dass die besondere Situation des Begräbnisses die Angehörigen seelisch belastet. Mit dem Bestatter kann geregelt werden, ob es möglich ist, den Sarg von Angehörigen zum Grab tragen zu lassen.

Muss immer eine Totenmesse stattfinden? Der Verzicht auf eine eigene Messe für den Toten scheint dann sinnvoll, wenn sie den Angehörigen nichts bedeutet. Mitunter müssen Pfarreien auch wegen Priestermangels von individuellen Totenmessen absehen; dann wird in einer regulären Eucharistiefeier der Pfarrgemeinde für den Verstorbenen gebetet.

Was kostet eine kirchliche Beerdigung? Grundsätzlich ist die Amtshandlung des Begräbnisses für Mitglieder der Kirche frei. Für die Eucharistiefeier wird eine geringe „Stolgebühr“ erhoben. Es kann sein, dass die Pfarrgemeinde für die Extraleistungen etwa des Organisten oder Küsters einen Obolus erbittet.

Behutsame Begleitung

Kinder und Tod

Für das Thema Tod sind Kinder noch zu klein, mag man vielleicht denken. Man will sie schonen, man will ihnen, so lange es eben geht, die Welt heil erscheinen lassen. Das ist oft gut gemeint, aber es hilft nicht. Schon die Kleinsten nämlich machen die Erfahrung: „Alles hat seine Zeit." Sie finden eine tote Fliege; im Fernsehen oder in einem Buch stirbt jemand; die Familie geht am Friedhof vorbei; über die Straße fährt ein Leichenwagen; der Hamster liegt eines Morgens reglos im Käfig.

Der Tod ist ein Teil des Lebens. Kinder können nicht vor dieser Realität bewahrt werden, indem man sie von der Teilnahme am Begräbnis ausschließt. Auch wenn sie nicht alle Worte und Handlungen verstehen, können sie doch die entlastende Funktion der Feier spüren: Das Kind ist nicht allein in seiner Trauer! Und die Kinder sehen mit eigenen Augen, wohin man den Toten legt, nämlich in ein Grab.

Wenn in einer Familie ein Todesfall eingetreten ist, muss das dem Kind gesagt werden. Es bemerkt den Verlust und spürt die Traurigkeit der Erwachsenen, deswegen hat es ein Recht auf Erklärung. Die Erwachsenen zeigen den Kindern ihre Trauer; schön wäre es, wenn es ihnen auch gelänge, von ihrem Glauben zu sprechen: dass Gott den verstorbenen Menschen zu sich nimmt. Doch Kinder nehmen alles wörtlich: Wenn der Opa jetzt „im Himmel" ist – warum legt man ihn dann in die Erde? Hier wäre also eine Unterscheidung zwischen Leib und Seele notwendig.

Religiös erzogene Kinder machen sich Gedanken über das Leben nach dem Tod und gewinnen eine Vorstellung von dem, was wir Seele nennen. Da tauchen auch Fragen auf: Was hat Gott damit zu tun? Warum hat er den Toten nicht am Leben erhalten? Hier machen Erwachsene manchmal schwere Fehler, wenn sie mit Kindern über den Tod sprechen. So erklären sie beispielsweise, jemand sei gestorben, weil Gott ihn unbedingt als Engel haben wollte. Oder jemand ist jung gestorben, weil – so sagt man unbedacht – „die Besten immer früh sterben". Danach blieben dann nur die „Menschen 2. Klasse“ lange am Leben; gut zu sein wäre demnach lebensgefährlich. Einfache Antworten sind am besten: Jemand ist gestorben, weil er krank war oder alt, einen Unfall hatte oder sich selbst das Leben nahm. Wenn ein Todesfall traumatisch wirkt, bleibt vielleicht nur die Offenheit: „Ich weiß auch nicht, warum er gestorben ist. Ich weiß auch nicht, warum Gott nicht eingegriffen hat.“ – Kinder werden eine solche Ehrlichkeit nicht als Schwäche interpretieren.

Die Eltern entscheiden, ob ein Kind mit zum Begräbnis kommt oder nicht. In der Regel wirkt diese Erfahrung entlastend auf ein Kind. Vor der Trauerfeier wird dem Kind erklärt, was dort geschieht: Man trifft sich in der Kirche oder auf dem Friedhof. Alle Menschen sind schwarz gekleidet. Viele weinen, weil sie traurig sind. Der Pfarrer spricht. Es gibt Musik. Dann geht man zum Grab ...

Das Kind wird viele Begriffe nicht kennen: Ein Sarg ist eine Kiste aus Holz, in der der Verstorbene liegt. Der Tote hat keine Schmerzen mehr, braucht keine Luft und keine Nahrung. Findet eine Urnenbeisetzung statt, muss erklärt werden, was das ist: Nicht „der Opa“ ist in der Urne, sondern die Asche, nachdem man seinen Körper verbrannt hat.

Kinder dürfen bei der Trauerfeier weinen; sie dürfen aber auch fröhlich sein. Wenn ein Kind es nicht aushält, darf es weggehen. Wenn Kinder laut sind und stören, sollten ihre Eltern sie aus Rücksicht auf die Trauergemeinde hinausbringen.

Auch Kinder können, wenn sie das möchten, ins offene Grab eine Blume oder eine Schaufel Sand geben oder etwas anderes beitragen, was sie dem Toten mitgeben möchten – ein selbst gemaltes Bild, ein aufgeschriebenes Gebet oder einen kleinen Gegenstand; sie müssen aber nicht.

Nach der Trauerfeier sollten die Eltern mit dem Kind sprechen, wie es das Erlebte aufgenommen hat, damit eine positive Verarbeitung möglich ist.

Heilige Worte und Zeichen

Auszug aus dem Begräbnisritual

Erste Station in der Friedhofskapelle oder Trauerhalle,
zweite Station am Grab

Erste Station in der Friedhofskapelle

Eröffnung

Der Leiter des Gottesdienstes (der Priester oder Diakon oder ein Beauftragter) wird hier „Zelebrant" genannt; das Wort „zelebrieren" bedeutet: „feierlich begehen". Er eröffnet die Feier mit dem Kreuzzeichen oder mit einem anderen Wort.

Begrüßung

Kyrie-Rufe

Zelebrant: Herr Jesus Christus! Durch deine Menschwerdung hast du uns Anteil gegeben am Leben Gottes: Herr, erbarme dich unser.
Alle: Herr, erbarme dich unser.

Zelebrant: Durch deinen Tod hast du uns das Tor zum Leben geöffnet: Christus, erbarme dich unser.
Alle: Christus, erbarme dich unser.

Zelebrant: Durch deine Auferstehung hast du uns die Hoffnung auf das ewige Leben geschenkt: Herr, erbarme dich unser.
Alle: Herr, erbarme dich unser.

Gebet

Wortgottesdienst

Schriftlesung

Ansprache

Die Ansprache kann das Leben des Verstorbenen mit einbeziehen; sie soll aber keine Lobrede sein. Statt der Ansprache kann ein Meditationstext gelesen werden.

Stilles Gedenken

Der Zelebrant fordert am Ende der Ansprache etwa mit folgenden Worten zu einem stillen Gedenken auf:

Zelebrant: Lasst uns in Stille des Verstorbenen (der Verstorbenen) gedenken, der (die) unter uns gelebt und den (die) Gott zu sich gerufen hat.

– Stille –

Gesang oder Psalm

Anrufungen

Zelebrant: Zu unserm Herrn Jesus Christus beten wir voll Vertrauen für unsern Bruder (unsere Schwester) N.:

Erlöse ihn (sie), o Herr! *Alle:* Erlöse ihn (sie), o Herr!
Von aller Schuld *Alle:* Erlöse ihn (sie), o Herr!
Durch deine Menschwerdung *Alle:* Erlöse ihn (sie), o Herr!
Durch dein Kreuz und Leiden *Alle:* Erlöse ihn (sie), o Herr!
Durch deinen Tod und deine Auferstehung *Alle:* Erlöse ihn (sie), o Herr!
Durch deine Wiederkunft in Herrlichkeit *Alle:* Erlöse ihn (sie), o Herr!

Gebet

Vor der Prozession zum Grab kann folgender Gesang gesungen oder gesprochen werden:

Gesang

Zum Paradies mögen Engel dich geleiten,
die heiligen Märtyrer dich begrüßen
und dich führen in die heilige Stadt Jerusalem.
Die Chöre der Engel mögen dich empfangen,
und durch Christus, der für dich gestorben,
soll ewiges Leben dich erfreuen.

Zweite Station am Grab

Beisetzung

Wenn die Trauergemeinde am Grab versammelt ist, leitet der Zelebrant die Beisetzung mit einem Gebet oder einem persönlichen Wort ein.

Gebet

Einsenken des Sarges

Der Zeitpunkt für das Einsenken des Sarges kann nach den örtlichen Verhältnissen verschieden sein. Der Zelebrant spricht ein Wort aus der Heiligen Schrift, zum Beispiel:

Zelebrant: So spricht der Herr, der dich erschaffen: Fürchte dich nicht, denn ich erlöse dich; ich rufe dich bei deinem Namen: Mein bist du.

Zelebrant: Wir übergeben den Leib der Erde. Christus, der von den Toten auferstanden ist, wird auch unsern Bruder (unsere Schwester) N. zum Leben erwecken.

Der Sarg wird ins Grab gesenkt. (Hier kann man auch den Wortgottesdienst mit Schriftlesung, Ansprache und stillem Gedenken einfügen, falls dieser nicht in der Friedhofskapelle gehalten werden konnte.)

Der Zelebrant sprengt Weihwasser auf den Sarg:

Zelebrant: Im Wasser und im Heiligen Geist wurdest du getauft. Der Herr vollende an dir, was er in der Taufe begonnen hat.

Der Zelebrant kann das Grab mit Weihrauch inzensieren:

Zelebrant: Dein Leib war Gottes Tempel. Der Herr schenke dir ewige Freude.

Der Zelebrant wirft Erde auf den Sarg:

Zelebrant: Von der Erde bist du genommen, und zur Erde kehrst du zurück. Der Herr aber wird dich auferwecken.

Der Zelebrant bezeichnet das Grab mit dem Kreuz. Dabei kann er das Kreuz in die Erde stecken oder ein Kreuzzeichen machen:

Zelebrant: Das Zeichen unserer Hoffnung, das Kreuz unseres Herrn Jesus Christus, sei aufgerichtet über deinem Grab. Der Friede sei mit dir.

Oder: Im Kreuz unseres Herrn Jesus Christus ist Auferstehung und Heil. Der Friede sei mit dir.

Gesang

Gebet für Verstorbene und Lebende

Fürbitten

Zelebrant: Lasst uns das Erbarmen unseres Herrn Jesus Christus anrufen für alle Verstorbenen.

Christus, Erlöser der Welt!
Reinige sie von Schuld und Sünde. *Alle:* Wir bitten dich, erhöre uns.
Vollende sie in deinem Leben. *Alle:* Wir bitten dich, erhöre uns.
Wir beten auch für jene,
die um diesen Verstorbenen trauern.
Tröste sie in ihrem Schmerz. *Alle:* Wir bitten dich, erhöre uns.
Festige ihren Glauben
und stärke ihre Hoffnung. *Alle:* Wir bitten dich, erhöre uns.

Wir beten für uns selber und alle Lebenden, besonders für den aus unserer Mitte, der als Erster dem Verstorbenen vor das Angesicht Gottes folgen wird.
Schenke uns Reue und Umkehr. *Alle:* Wir bitten dich, erhöre uns.
Stärke und erhalte uns
in deinem Dienst. *Alle:* Wir bitten dich, erhöre uns.

Das Gebet des Herrn / Schlussgebet

Der Zelebrant kann zum Abschluss die Anwesenden einladen, die Mutter des Herrn anzurufen.

Abschließendes Segenswort

Zelebrant: Herr, gib ihm (ihr) und allen Verstorbenen die ewige Ruhe.
Alle: Und das ewige Licht leuchte ihnen.
Zelebrant: Lass sie ruhen in Frieden.
Alle: Amen.

Die Anwesenden treten an das Grab und drücken ihre Anteilnahme in ortsüblicher Weise aus.

Eine Sprache, die alle Christen verstehen

Die Symbole beim Begräbnis

Die Farben Violett und Weiß

Trauer kann sich wie Dunkelheit auf uns legen. Im Dunkeln sieht man den Weg nicht mehr und hat Angst. Das düstere Violett ist die liturgische Farbe der Buße und der Trauer. Sie signalisiert: „Du darfst trauern! Du kannst jetzt deine Not und Furcht herauslassen und vor Gott tragen." Wenn die Hinterbliebenen sich mit dem Tod des Verstorbenen bereits versöhnt haben, kann es auch zeichenhaft sein, die liturgische Farbe Weiß zu wählen. Sie steht für Freude und Reinheit; sie lässt bereits den Jubel des Ostertages aufstrahlen.

Die Osterkerze

Christus sagt: „Ich bin das Licht der Welt. Ich mache eure Dunkelheit hell. Ihr braucht keine Angst zu haben." In jeder Osternacht wird feierlich eine große Osterkerze entzündet, die als Symbol für den auferstandenen Christus ihr Licht spendet. Ihre Botschaft lautet: Der Tod hat nicht das letzte Wort! Das Licht überwindet die Dunkelheit, das Leben ist stärker als der Tod.

Der Moment der Stille

Wenn man am meisten empfindet, weiß man manchmal am wenigsten zu sagen. Vielleicht lässt sich das Wichtigste gar nicht mit Worten ausdrücken. Deswegen ist ein Moment des Schweigens während der Begräbnisfeier so wertvoll. Die Stille ist mehr als ein Augenblick, in dem gerade nicht gesprochen wird und keine Musik spielt. Sie dient der

Erinnerung an den Verstorbenen und bietet Raum für das individuelle Gebet der Trauernden; sie können sich im Schweigen als Gemeinschaft erfahren.

Weihwasser

Ohne Wasser ist kein Leben möglich: Pflanzen, Tiere und Menschen brauchen Wasser. Aber es stillt nicht nur den Durst; wir waschen uns und unsere Kleider damit. Schließlich macht es Spaß, darin zu baden und zu schwimmen. Wasser ist ein Symbol für das Leben und für die Reinigung. Gott schenkt uns das Leben. Er wird alles wegnehmen, was uns von ihm trennt. Uns trennt von Gott die Schuld. Die Vergebung der Schuld ist wie eine Reinigung der Seele.

Das Symbol Wasser macht beim Begräbnis deutlich, dass der Verstorbene durch die Taufe in eine besondere Beziehung zu Christus getreten ist. Was mit der Taufe begann, möge nun durch Gott vollendet werden in seinem Reich. Immer, wenn wir mit Weihwasser das Kreuzzeichen machen, erinnern wir uns an das Geschenk und die Verantwortung der Taufe.

Weihrauch

Wohlriechender Weihrauchduft entsteht, wenn getrocknetes Harz aus Pinien- und Zedernbäumen auf glühende Kohlen gelegt wird. In der Antike wurde Weihrauch hochgestellten Persönlichkeiten vorangetragen. Die Christen übernahmen diesen Brauch zur Verehrung Gottes. Die Zeichen seiner Gegenwart werden in einer feierlichen Messe inzensiert (beweihräuchert): das Evangelienbuch, der Altar, das Kreuz und vor allem die Eucharistie, aber auch die Gemeinde und der Priester.
Wenn beim Begräbnis der Leichnam des Verstorbenen inzensiert wird,

zeigt das die Hochachtung, die dem verweslichen Leib entgegengebracht wird: Er diente einmal dem großen Gott als irdischer Tempel. Leider ist der Gebrauch von Weihrauch in der kirchlichen Beerdigungsfeier nur noch selten üblich.

Erde

Der Glaube versucht das Leben in Bildern zu verstehen. Eines ist die Abstammung aller Menschen von Adam und Eva. „Adam“ jedoch bedeutet: Erde. Die Erde ist der Lebensraum des Menschen. Außerdem dient sie als Bild für seine Vergänglichkeit. Diese Vergänglichkeit haben alle Menschen vom ersten Menschenpaar geerbt.

„Von der Erde bist du genommen, und zur Erde kehrst du zurück. Der Herr aber wird dich auferwecken“, lautet das Wort, wenn beim Begräbnis Erde auf den Sarg gegeben wird: ein Sinnbild für das Einswerden des sterblichen Leibes mit der Erde. Nach christlicher Sichtweise ist der Mensch jedoch mehr als sein Körper; er verfügt auch über eine Seele. Die Seele aber kann man nicht begraben und nicht verbrennen. Gott erweckt den Menschen neu gestaltet zu einem Leben in seiner Gegenwart.

Kreuz

Das Kreuz steht für den Tod Jesu. Christen sind überzeugt: Das Kreuz ist nicht allein ein Zeichen der enttäuschten Hoffnung und des vernichteten Lebens, sondern auch des Heiles. In jeder Messe beten wir: „Das ist das Geheimnis unseres Glaubens: Deinen Tod, o Herr, verkünden wir, und deine Auferstehung preisen wir, bis du kommst in Herrlichkeit!“ – Der Tod Jesu ist ein Teil dieses „Geheimnisses“. Er lässt sich erst verstehen, wenn wir ihn als notwendige Durchgangsstation für die

Auferstehung begreifen. So wird das Kreuz – eigentlich ja ein Folterinstrument – zum Symbol der Hoffnung: Schmerzen, Leiden und Tod werden überwunden. Der Weg führt durch alle Dunkelheit hindurch ins Licht der Auferstehung.

Blumen

Nicht ohne Grund verschenken wir Blumen zum Geburtstag: Sie drücken ohne Worte Sympathie und Anerkennung aus. Blumen stehen für das Anmutige, Zarte und Schöne, aber auch für das Vergängliche.

Der Brauch, Blumen ins Grab zu werfen, schmückt und ehrt den Verstorbenen, wie auch die Kränze, die an Siegerkränze erinnern: Hier hat einer jenen Lauf vollendet, in dem wir Lebenden uns alle noch mühen.

„Unsere Feier soll unverwechselbar sein“

Vorschläge für Trauersprüche, Fürbitten, Texte und Lieder

Im Folgenden finden Sie einige Vorschläge für Schriftlesungen, Fürbitten, Kurztexte und Lieder, die für die Begräbnisfeier ausgewählt werden können. Die Zitate lassen sich ebenso für die kirchliche Feier oder aber für die Todesanzeige verwenden.

Lesungen aus der Schrift

Ijob 19, 25–27	Ich weiß, mein Erlöser lebt
Buch der Weisheit 3, 1–6	Die Seelen der Gerechten sind in Gottes Hand
Jesaja 25, 8–9	Gott beseitigt den Tod für immer
Psalm 130	Aus der Tiefe rufe ich
Psalm 116, 1–9	Mich umfingen die Fesseln des Todes
Matthäus 5, 1–12	Selig die Trauernden
Johannes 14, 1–6	Im Haus meines Vaters sind viele Wohnungen
Römer 8, 31–39	Ist Gott für uns, wer ist dann gegen uns?
Römer 14, 7–9	Leben wir, so leben wir dem Herrn
1 Korinther 15, 51–57	Tod, wo ist dein Sieg?
1 Thessalonicher 4, 13–18	Nicht trauern wie jene, die keine Hoffnung haben
Offenbarung 21, 2–7	Gott wird alle Tränen abwischen

Fürbitten

Mit unserem Dank und unseren Bitten kommen wir zu Gott, der uns wie ein guter Vater und eine fürsorgliche Mutter liebt. – Auf die Anrufung „Du bist unsere Zuflucht!" antworten wir: „Schenke deinen Segen!"

Gott, wir danken dir für (Name der/des Verstorbenen). Nimm unsere/unseren Verstorbene/n auf zu dir, wo es weder Schmerz noch Tod gibt. – Du bist unsere Zuflucht!
Alle: Schenke deinen Segen!

Gott, wir trauern um diesen Menschen. Gib uns Mut und Ausdauer, den Weg durch das Tal der Trauer zu gehen, Schritt für Schritt. – Du bist unsere Zuflucht!

Gott, wir wollen einer des anderen Last tragen. Weite uns Herz und Sinne, damit wir erkennen, wie wir einander aufrichten können. – Du bist unsere Zuflucht!

Gott, wir denken an jene, die heute leiden und sterben. Erwecke in uns Phantasie, wie wir am Aufbau einer besseren Welt mitwirken können. – Du bist unsere Zuflucht!

Gott, wir alle sind nur Gäste auf Erden. Gewähre uns Freude am Leben und nimm uns die Furcht vor der Endlichkeit des Daseins. – Du bist unsere Zuflucht!

Gott, wir erahnen die tiefsten Sehnsüchte unserer Seele. Stille du unseren Hunger nach Heilung, nach Sinn, nach Liebe. – Du bist unsere Zuflucht!

Gott, wir erinnern uns an viele, die uns bereits vorausgegangen sind. Beglücke sie mit deiner ewigen Gegenwart. – Du bist unsere Zuflucht!

So bitten wir unseren Gott in dieser Stunde. Die Trauer lähmt uns und raubt uns den Lebensmut. Möge Gott uns begleiten in der Phase des Abschiednehmens, dass wir Frieden finden bei ihm und in der Welt, in der wir hier zu Hause sind.

Stimmen des Glaubens

In Christus erstrahlt uns die Hoffnung, dass wir zur Seligkeit auferstehen. Bedrückt uns auch das Los des sicheren Todes, so tröstet uns doch die Verheißung der künftigen Unsterblichkeit. Denn deinen Gläubigen, o Herr, wird das Leben gewandelt, nicht genommen. Und wenn die Herberge der irdischen Pilgerschaft zerfällt, ist uns im Himmel eine ewige Wohnung bereitet.

Aus der katholischen Liturgie für die Verstorbenen

Zu jener Zeit

Übrig bleiben werden von dir nur ein paar abgetretene Schuhe, ein wenig getragene Kleidung, irgendwelche Rechnungen, Aufzeichnungen, die zu lesen niemand Lust hat. Jemand wird auf all das schauen und sagen: „Nun, von dem ist nicht viel geblieben."

Aber wenn du so auf das „Wenige" schaust, das von einem dir nahen Menschen geblieben ist, dann weißt du, dass es so nicht stimmt: dass er vielmehr vor Gott so dasteht, wie er von Tag zu Tag sein Leben lang geworden ist.

Mieczysław Maliński

Ich erfuhr die Stille wie eine Gegenwart. Im Herzen der Stille war Er, der selbst Stille, Frieden und Gelassenheit ist.

Georges Bernanos

Die Gewissheit ist felsenfest: Wenn der Augenblick gekommen ist, wird die Nacht zerreißen und das Morgenrot wieder hervorbrechen.

Möge die Morgenröte kommen und eines Tages unser Tod, Anbruch eines neuen Lebens.

Roger Schutz

Kurz gesagt

Eines Menschen Zeit währet länger als seine Jahre.
Peter Bamm

Das einzig Wichtige im Leben ist die Spur an Liebe,
die wir hinterlassen, wenn wir gehen.
Albert Schweitzer

Ich höre auf zu leben, aber ich habe gelebt.
Johann Wolfgang von Goethe

Die Erinnerung ist das einzige Paradies,
aus dem wir nicht vertrieben werden können.
Jean Paul

Mitten im Leben sind wir mit dem Tod umfangen.
Martin Luther

Es gibt keinen Maßstab für das Fehlen,
mit dem du uns fehlst.
Dorothee Sölle

Ja, Schnecke, besteig den Fuji, aber langsam, langsam.
Aus Japan

Lausche still und schweigend auf dein Herz.
Wenn es dann zu dir spricht,
steh auf und geh, wohin es dich trägt.
Susanna Tamaro

Zum Weiterdenken

Da tat es mir wohl, vor dir zu weinen,
um sie und für sie, um mich und für mich.
Ich ließ den Tränen, die ich zurückgehalten, freien Lauf.
Mochten sie fließen, so viel sie wollten.
Ich bettete mein Herz hinein und fand Ruhe in ihnen.
Aurelius Augustinus

Mondnacht

Es war, als hätt der Himmel
die Erde still geküsst,
dass sie im Blütenschimmer
von ihm nun träumen müsst.

Die Luft ging durch die Felder,
die Ähren wogten sacht,
es rauschten leis die Wälder,
so sternklar war die Nacht.

Und meine Seele spannte
weit ihre Flügel aus,
flog durch die stillen Lande,
als flöge sie nach Haus.
Joseph von Eichendorff

Der Tod ist groß.
Wir sind die Seinen
lachenden Munds.
Wenn wir uns mitten
im Leben meinen,
wagt er zu weinen
mitten in uns.
Rainer Maria Rilke

Tritt aus dem Schatten heraus,
wage dich wieder ins Licht.
Streif den Trauer-Mantel ab,
zieh die bunten Sachen an.
Erwecke die Sehnsucht neu,
schenk deinen Träumen Flügel.
Heilen will deine Seele,
geh mutig nur Schritt für Schritt.
Du darfst dein Glück genießen,
der Zukunft kannst du trauen.

Georg Schwikart

Liedvorschläge zur Begräbnisfeier

GL = Gotteslob/Stammausgabe bzw. Diözesananhänge
mL = modernes Lied, je nach Liederbüchern der Pfarrgemeinden

Wir sind mitten im Leben zum Sterben bestimmt (GL 655)
Wir sind nur Gast auf Erden (GL 656)
Herr, gib Frieden dieser Seele (GL-Diözesananhänge)
Welcher Engel wird uns sagen, dass das Leben weitergeht (mL)
Ich steh vor dir mit leeren Händen, Herr (GL 621)
Manchmal kennen wir Gottes Willen (GL 299)
Sag ja zu mir, wenn alles nein sagt (GL 165)
Hilf, Herr meines Lebens (GL 622)
O Haupt voll Blut und Wunden, Str. 5–7 (GL 179)
Die Nacht ist vorgedrungen (GL 111)
Das ist der Tag, den Gott gemacht (GL 220)
Nun freue dich, du Christenheit (GL 222)
Erschalle laut, Triumphgesang (GL-Diözesananhänge)
Wahrer Gott, wir glauben dir (GL-Diözesananhänge)
So nimm denn meine Hände (GL-Diözesananhänge)
Von guten Mächten wunderbar geborgen (mL)

Gemeinschaft gibt Halt

Anregungen zum Beerdigungskaffee

An das Begräbnis schließt sich oft ein Trauermahl an, das man je nach Landschaft „Leichenschmaus“, „Trösterwein“ oder „Reuessen“ nennt. Diese Zusammenkunft hat praktische und psychologische Effekte:

Das Mahl. Gäste mit langer Anreise stärken sich. Hat es geregnet oder war es kalt, wärmt sich die Trauergemeinde auf. Alle aber holen sich durch Essen, Trinken und Erzählen in die Gemeinschaft der Lebenden zurück und werden damit den Geschmack des Todes wieder los.

Die Kerze. Das Trauermahl kann zu Hause oder in einer Gaststätte stattfinden. Die Entscheidung, wo man zusammenkommt, wird von der Anzahl der erwarteten Gäste und dem erforderlichen Aufwand abhängen. Auf dem Tisch kann eine Kerze brennen; wenn vorhanden, eine Oster- oder gar die Taufkerze des Verstorbenen.

Erinnerungen. Bei diesem Treffen nach dem Begräbnis wird man von dem Toten sprechen, ihn im Erzählen wieder ein wenig lebendig werden lassen. Man kann vielleicht Fotos von ihm mitbringen oder etwas tun, was ihm besonders wichtig war: ein Gedicht aufsagen, ein Lied singen, im Gedenken an den Weinkenner ein Glas Wein trinken ...

Kondolenzbuch. Für die Angehörigen ist ein Kondolenzbuch hilfreich: Die Teilnehmer des Begräbnisses können sich – auf dem Friedhof oder entspannter beim anschließenden Kaffeetrinken – in das Buch eintragen und gute Wünsche für die Hinterbliebenen niederschreiben.

Grabbesuch. Am Nachmittag oder frühen Abend mag es gut tun, noch einmal den Friedhof aufzusuchen und das geschlossene Grab zu sehen, dort vielleicht ein Licht anzuzünden. Hilfreich ist auch, in der Kirche für einen Augenblick der Stille auszuharren.

Woran zu denken ist

Checkliste

- Einen Bestatter des Vertrauens verständigen und mit ihm alle Notwendigkeiten besprechen (Totenschein, Art der Bestattung und des Grabes, Auswahl des Sarges und der Totenbekleidung, Vollmachten für Information der Bank, des Rententrägers, der Versicherung, Blumen usw.).
- In Absprache mit dem Pfarrbüro der Kirchengemeinde und dem Bestatter einen Termin für das Begräbnis festlegen.
- Mit dem zuständigen Seelsorger einen Termin für das Vorgespräch abmachen, Notizen zum Lebenslauf des Verstorbenen anfertigen, eine Sterbeurkunde bereithalten.
- Eine Liste der Gäste schreiben, die eingeladen werden sollen.
- Gasthaus für den Beerdigungskaffee reservieren (lassen).
- Die Todesanzeige formulieren, in die Zeitung setzen lassen oder/ und als Brief versenden.
- Eigene Trauerkleidung besorgen.
- Eventuell einen Beitrag zur Feier leisten (Lied aussuchen oder Fürbitte formulieren).
- Von dem Verstorbenen in Ruhe Abschied nehmen, sobald Ort und Termin für die Beisetzung feststehen.
- Nach dem Begräbnis Danksagungen aussprechen oder verschicken.
- Sechs Wochen nach dem Tod wird für den Verstorbenen in der Eucharistiefeier der Pfarrei gebetet; für die Angehörigen ist es tröstlich, an diesem „Sechswochenamt“ teilzunehmen.

Weitergehen, Tag für Tag.
Weiterglauben, Tag für Tag.
Weiterzweifeln, Tag für Tag.
Weiterhoffen, Tag für Tag.
Weiterkämpfen, Tag für Tag.

Weitertrauern, Tag für Tag,
weiter, immer weiter,
bis du wieder ankommst
im Heute.

Georg Schwikart

Eine Gabe zum Begräbnis

von ....

geboren am ....

gestorben am ....

bestattet am ....

auf dem Friedhof in ....

durch ....

Friede jenen, die vorausgegangen,
Friede jenen, die noch unterwegs sind:
Die Gemeinschaft des Glaubens
vereint sie heute und in Ewigkeit
untereinander und mit dem lebendigen Gott.

....

Unterschrift